DESCRIPTION DES FIGURES

QUI SONT SUR LA FACE DE L'EGLISE
de l'Abbaye Royale de la Madeleine
de Chateaudun.

*Tirée du neuviéme Tome de l'Histoire de l'Academie
Royale des Inscriptions & Belles-Lettres.*

A PARIS;

De l'Imprimerie de la Veuve D'ANDRE' KNAPEN, à l'entrée de
la rue Saint André des Arcs, au Bon Protecteur.

MDCCXLII.

AVEC PERMISSION ET APPROBATION.

DESCRIPTION
DES FIGURES

QUI sont sur la face de l'Eglise de l'Abbaye Royale de la Madeleine de Chateaudun.

TIRE'E du neuvième Tome de l'Histoire de l'Academie Royale des Inscriptions & Belles-Lettres.

A façade de l'Eglise de l'Abbaye Royale de la Madeleine de Chateaudun, est ornée de statues anciennes, que la tradition du Pays prétend être du tems de Charlemagne. Il y avoit lieu d'esperer que le sçavant & laborieux Auteur des *Monumens de la Monarchie Françoise*, les insereroit dans cet Ouvrage ; mais quelques soins qu'il ait pris, quelques instances qu'il ait faites pour qu'on lui envoyât les desseins de ces figures, l'impossibilité de trouver sur les lieux quelqu'un qui pût les dessiner exactement, & plus encore l'état malheureux auquel cette Ville a été réduite par l'incendie qui en consuma la plus grande partie il y a dix ans, ont été cause qu'il n'a pû les donner au Public. C'est ce qui m'a engagé à y faire un

Au mois d'Avril 1733.

A ij

voyage exprès avec un Deſſinateur ; & j'ai été d'autant plus obligé à le faire promptement, qu'il eſt à craindre que la tour qui eſt à côté de cette façade, & qui menace une ruine certaine, ne l'écraſe par ſa chûte.

On ne peut douter que Chateaudun ne ſoit une Ville très-ancienne. Sans vouloir trop appuyer ſur les traditions populaires d'un ancien camp prétendu de *Ceſar*, qui eſt à l'extremité de l'un de ſes Fauxbourgs, de chemins ou voyes Romaines qui venoient de Chartres & du Mans dans cette Ville, & dont on voit encore de grands veſtiges qu'on appelle *Chemins de Ceſar*, le nom Gaulois de *Dun* eſt une preuve de ſon antiquité. *Dunum*, *Dunenſe Caſtrum*.

En 497. Elle étoit déja conſiderable dans les premiers tems de notre Monarchie, puiſqu'elle fut honorée du titre de Siege Epiſcopal ſur la fin du cinquiéme ſiecle, conjointement avec Chartres. S. Solenne, élû Evêque de cette derniere Ville, s'étant retiré dans une ſolitude, ſur la nouvelle qu'il eut de ſon élection, S. Aventin ſon frere fut ſubſtitué à ſa place. Les peuples ayant enſuite decouvert S. Solenne dans ſa retraite, ils l'obligerent à venir prendre le gouvernement de ſon Egliſe, & S. Aventin fut envoyé à Chateaudun pour y faire les fonctions d'Evêque. Cet établiſſement d'une eſpece de Siege Epiſcopal à Chateaudun en la perſonne d'Aventin, ſervit dans la ſuite de prétexte à un certain Promotus pour ſe faire nommer à cet Evêché par le Roy Sigebert ; mais Pappole, Evêque de Chartres, s'y oppoſa, & les Peres du Concile aſſemblé à Paris en 573. prononcerent qu'il ne devoit point y avoir d'Evêque particulier à Chateaudun.

On voit par pluſieurs paſſages de Gregoire de Tours, & des autres Hiſtoriens contemporains, que cette Ville avoit un Comte ou Gouverneur, qu'elle avoit donné ſon nom à un Pays, *Pagus Duniſus*, & que ſes peuples étoient puiſſans.

Lorſqu'en 587. Childebert II. & Gontran partagerent les Etats de Sigebert, les Châteaux de Dun & de Vendôme, le tiers de la Ville de Paris, avec des portions des Pays d'Eſtampes & de Chartres, échûrent à Gontran ; Childebert eut Meaux, deux parts de Senlis, Tours, Poitiers, Avranches, Aire, Saint-Lizier de Couſerans, Bayonne & Alby.

Tout cela prouve que Châteaudun figuroit avec les meilleures Villes du Royaume. Sous la seconde Race, elle fut de la même consideration. Nous avons des monnoyes de Charles le Chauve frappées à Chateaudun, *Duno Castro*. Quand il se forma autant de Seigneurs dans le Royaume qu'il se trouva de Gouverneurs assez puissans & assez accredités pour s'emparer des Villes & des Pays qui leur avoient été confiés, le nouveau Comte de Blois joignit à son Etat le Dunois & sa Capitale. Thibault le Tricheur y fit bâtir un Château; on voit encore une partie de son enceinte, & la forte Tour qu'il y éleva. En même tems le Vicomte ou Gouverneur de la Ville s'en appropria le domaine particulier. Le dernier incendie de 1723. a renversé le Palais ou Château de ces Vicomtes, qu'on appelloit la Vicomté. Ces Vicomtes ou Seigneurs de Chateaudun s'arrogerent aussi le droit de faire battre monnoye. La monnoye Dunoise est souvent citée dans les titres, & il s'est conservé dans les Cabinets plusieurs pieces qui ont pour legende *Castri Duni*, ou *Vicecomes Castriduni*.

Entre les differentes Eglises que cette Ville renferme, la plus ancienne sans contredit, est celle de l'Abbaye Royale des Chanoines Reguliers. Il est très-vrai-semblable que c'étoit celle où S. Aventin avoit établi son Siege Episcopal; elle a conservé toutes les prérogatives ordinairement attachées à la principale Eglise d'une Ville; elle est encore la Paroisse du Château, quoique depuis plus de cinq cens ans il se soit établi deux Paroisses sur lesquelles il faut passer pour aller de l'Abbaye au Château. J'ai vû un titre de 1148. par lequel Thibault, Comte de Blois, confirme à cette Abbaye le privilege que ses Predecesseurs lui avoient accordé, de pouvoir seule recevoir les sermens qui se prêtoient sur les Reliques, & les épreuves par l'eau & par le fer qui se faisoient alors, exclusivement à toute autre Eglise de la Ville. Elle fut premierement dédiée à la Sainte Vierge. J'en pourrois rapporter plusieurs preuves; mais on ne sçait en quel siecle elle a changé cette premiere Patrone pour Sainte Marie-Madeleine dont à present elle porte le nom : on sçait seulement que jusqu'en 1131. elle fut desservie par des Chanoines Seculiers, à qui le Pape Innocent II. substitua cette année là des Re-

Ces prérogatives ont été confirmées par deux Arrêts de la Cour, l'un en 1656. & l'autre en 1717.

-guliers, qui s'y font maintenus avec édification depuis fix cens ans.

J'ai déja dit que la tradition veut que Charlemagne en ait été le reftaurateur. Cette tradition fe trouve confirmée non-feulement par le témoignage de differens Auteurs qui en ont parlé, mais encore par l'ufage où elle eft depuis plufieurs fiecles, de porter pour armes une Aigle à deux têtes ou Imperiale, comme ayant pour fon principal bienfaiteur Charlemagne, Empereur.

Je fçai que l'Aigle Imperiale ou à deux têtes n'a pas été de tous les tems, ou pour parler plus exactement, n'a pas commencé dès l'introduction des armoiries, à être celles de l'Empire. Je fçai même que quelques Auteurs veulent que ce foit Charles-Quint qui ait commencé à la prendre, en quoi ils fe trompent, puifqu'on la trouve fur des fceaux de l'Empereur Frederic IV. en 1459. & peut-être même de l'Empereur Sigifmond fon predeceffeur; mais l'Aigle Imperiale de l'Abbaye de la Madeleine eft encore inconteftablement plus ancienne. J'ai vû l'original d'une Tranfaction entre l'Abbé & les Chanoines de cette Eglife, & le Maître & les Freres de la Maifon de S. Lazare de la même Ville, paffée en 1293. au mois d'Avril, où le fceau de l'Abbaye eft un écu chargé d'une Aigle à deux têtes. Le Pere Meneftrier a fait mention de ce fceau, & convient que *c'eft la plus ancienne Aigle à deux têtes qu'il ait vû en armoiries*; il ajoute que *l'Abbaye de la Madeleine eft tenue fondée par Charlemagne, & qu'il y a fur la porte des figures que l'on croit être de cet Empereur, &c.* L'Aigle Imperiale fe voit encore fur un benitier qui eft ancien, & où font fculptez des ornemens qui me paroiffent avoir plus de trois cens ans; & on la trouve en differens endroits des plus anciens bâtimens de la dépendance de l'Abbaye.

Quelle autre raifon plaufible pourroit-on donner à cet ufage de l'Aigle employée pour fes armes, fi on n'admet la tradition, qui tient que Charlemagne eft, finon le Fondateur, du moins le reftaurateur & le principal bienfaiteur de cette Abbaye?

Elle ne peut avoir pris cette Aigle ni des Comtes de Blois & de Champagne, ni de la Maifon de Chaftillon-fur-Marne

Heineccius de figillis, p. 1. c. 9. pag. 113.

Origine des ornemens des armoiries, ch. 17. p. 428.

qui leur a succedé, ni de celle des Vicomtes de Chateaudun. La Maison de Champagne portoit d'azur à la bande d'argent, accompagnée de doubles cottices d'or potencées & contrepotencées de treize pieces. Celle de Chastillon-Blois ou sur-Marne, portoit de gueules à trois pals de vair au chef d'or. L'écu de Geoffroy, Vicomte de Chateaudun, dans un Acte de 1202. est fascé de cinq pieces, & chargé de quatre Merlettes. Aucune de ces armoiries n'a de rapport à l'Aigle éployée. Ce que quelques-uns, trompés grossierement par la ressemblance des noms de Chastillon-sur-Marne & de Coligny-Chastillon, ont osé hasarder que l'Abbaye de la Madeleine de Chateaudun avoit tiré son Aigle à deux têtes de l'Aigle simple des Chastillon-Coligny, ne merite pas d'être relevé, l'erreur est trop absurde. La Maison de Coligny, differente de celle de Chastillon-sur-Marne, n'a jamais possedé les Comtés de Blois & de Dunois; elle n'a jamais eu aucune relation avec l'Abbaye de la Madeleine de Chateaudun; comment son Aigle simple auroit-elle été l'occasion de l'Aigle éployée de celle-ci ? On est donc obligé de remonter pour l'origine de ses armes, jusqu'à la tradition qui la dit fondée ou retablie par Charlemagne, tradition qui se trouve appuyée par des titres de près de cinq cens ans.

L'Eglise de la Madeleine de Chateaudun a souffert plusieurs changemens. Elle avoit autrefois quinze à vingt toises de longueur plus qu'elle n'a à present. Le 22 Juillet 1500. il en tomba une moitié, qui n'a été retablie qu'en partie. Elle avoit une autre Eglise souterraine que l'on croit avoir servi aux premiers Chrétiens. On en découvrit en 1710. le rond-point avec des vitraux à plus de quarante-cinq pieds sous terre; il n'en reste plus qu'une Chapelle en état de servir; tout le reste est comblé.

Ce qui s'est conservé de plus entier de l'ancienne Eglise superieure, est la façade qui regarde le Nord; la plus grande partie du reste a été rebâtie en differens tems. Cette façade a trois portes; le terrein des environs qui s'est élevé par succession des tems, en a enterré une partie; il n'y a plus que la principale porte du milieu qui soit ouverte; elle est aussi la seule qui ait un ceintre, chargé de figures en petit.

A droite en entrant on a représenté le Paradis, où des Anges transportent des ames. A gauche l'Enfer est désigné par des dragons, & différens monstres hideux, qui tiennent dans leurs griffes ou dans leurs gueules d'autres figures.

C'est au-dessus de cette porte principale, & sur les piliers qui d'espace en espace soutiennent cette façade de l'Eglise, que se voyent les figures que j'ai fait fait dessiner, & dont j'ai donné la description en 1733. à l'Académie.

N°. I.

Le Blanc, p. 92.

Elle à six pieds trois pouces de haut.

La premiere, qui se trouve à côté du ceintre à droite en entrant dans l'Eglise, porte un sceptre; ce sceptre n'est pas à simples trefles, mais il est touffu, comme celui du Roy Childebert sur le portail de l'Abbaye de S. Germain-des-Prez; elle porte un bonnet assez semblable à celui qu'on voit sur des monnoyes de Charlemagne, & sur des figures qui sont aux portails de S. Denis; elle a les cheveux longs, une *chlamyde* ou manteau retroussé sur l'épaule droite; à sa ceinture pend une épée à grosse poignée, & dont le fourreau paroît garni d'ornemens; enfin elle foule aux pieds un dragon.

N°. II.

Elle a cinq pieds neuf pouces de haut.

Le figure qui est de l'autre côté du ceintre, porte aussi un sceptre dans sa main droite, mais ce sceptre est plus simple; c'est un simple fleuron à trois feuilles qui le termine, & ces feuilles sont assez longues & étroites; elle tient de la gauche son épée dans son fourreau la pointe en bas; sa *chlamyde* ou manteau est attachée par une boucle, & relevée sur les deux bras; elle n'a pour tout ornement de tête que ses cheveux tressez, qui descendent par derriere sur ses épaules.

N°. III.

Elle a sept pieds.

Au-dessus de la plinthe qui coupe cette partie de la façade, sont placées quatre autres figures: celle qui est numerotée 3. porte une couronne sur laquelle on voit des trefles; de sa main droite elle tient une épée nuë la pointe en haut, & de la gauche le fourreau; elle a de longs cheveux qui flottent sur ses épaules, point de chlamyde, mais un habit serré comme une tunique, & dont les manches sont très-étroites; elle a des éperons dont les molettes sont quarrées.

N°. IV.

La quatriéme a un sceptre un peu moins touffu que la premiere, mais aussi plus garni que celui de la seconde; le dessus de la tête a été endommagé par le tems; on n'y voit

aucune

aucune trace de couronne, de diadême ou de bonnet; son habit n'eſt point fait en chlamyde, il eſt aſſez ſerré, les manches en ſont cependant larges; elle a auſſi des éperons.

Elle a ſept pieds, deux pouces.

N°. V.

La cinquiéme doit repreſenter un Evêque: on diſtingue facilement ſa chaſuble, ſon bâton Paſtoral qu'il tient de la main gauche, & dont il enfonce le bout dans la gueule d'un Diable qu'il a ſous ſes pieds; la main droite eſt rompuë. Son ornement de tête reſſembleroit plûtôt à un diadême qu'à une mitre; je l'ai fort examiné, il ne paroît pas qu'il y ait une autre choſe que ce que l'on y voit à preſent; ſi c'eſt une mitre, il faut convenir qu'elle eſt ſinguliere.

Elle a ſix pieds quatre pouces.

N°. VI.

La ſixiéme figure repreſente un homme qui tient de ſes deux mains une hache d'armes qu'il appuye ſur l'épaule droite: il a un bonnet bordé d'un ourlet reſſemblant aſſez à un diadême: il n'a point de chlamyde: les manches de ſa tunique ſont un peu plus larges que celles de la quatriéme figure; il porte auſſi des éperons: voilà donc trois de ces figures qui en ont. La mode s'étoit introduite dès la premiere Race d'avoir des ceinturons & des fourreaux d'épées garnis d'or & de pierreries, des éperons d'or, des habits riches & recherchez. Sous Charlemagne ce luxe avoit paſſé juſqu'aux Eccleſiaſtiques. Louis le Debonnaire ayant travaillé à la reforme du Clergé par les Reglemens qui furent publiés dans l'Aſſemblée d'Aix-la-Chapelle en 817. le Clergé ceſſa de porter ces parures qui lui étoient étrangeres; c'eſt ce que nous apprend l'Aſtronome Hiſtorien de ce Prince: *Denique tunc cœperunt deponi ab Epiſcopis & Clericis cingula balteis, aureis & gemmeis cultris onerata, exquiſitæque veſtes, ſed & calcaria talos onerantia relinqui. Monſtro enim ſimile ducebatur, ſi Eccleſiaſticæ familiæ deputatus conaretur aſpirare ad ſecularis gloriæ ornamenta.* Les éperons qu'on voit aux trois figures numerotées 3. 4. & 6. ſont par leur forme & leur groſſeur tels que ce paſſage les repreſente, propres à charger & à embarraſſer les talons.

Cette figure a ſept pieds ſix pouces.

Il reſte cinq autres figures qui ſont appliquées ſur les cinq piliers qui ſoutiennent ce côté ſeptentrional de l'Egliſe de la Madeleine.

Entre ces cinq figures il y a quatre femmes. En 1654. elles étoient encore entieres, du moins un deſſein de cette façade fait en cette année les repreſente telles; les têtes de trois d'entr'elles ſont tombées depuis ce tems-là. Celle que j'ai

N°. VII. numerotée 7. tient à ſa main un rouleau déployé, en cela ſemblable à pluſieurs de celles qui ſont ſur les differens portails que Dom Bernard de Montfaucon a fait graver, entr'autres ſur celui de S. Germain-des-Prez, où les noms des Princes que ces figures repreſentent, ſe trouvent écrits. J'ai examiné celui-ci avec beaucoup d'attention; je n'y ai trouvé aucune trace de lettres; peut-être ce rouleau déſigne-t'il que cette femme a fait quelque donation à l'Egliſe de la Madeleine. Une autre ſingularité de cette figure, eſt d'avoir des ſouliers échancrés, comme ceux de Clovis au même portail de S. Germain; c'eſt la ſeule qui en ait de cette façon: ſes manches ſont étroites, en cela encore differentes des autres

Elle a quatre pieds neuf pouces de haut. figures de femmes dont je vais parler; elle a une ceinture dont les bouts pendent juſqu'aux genoux; il ne paroît point de traces de cheveux.

N°. VIII.
Elle a quatre pieds cinq pouces. La huitiéme figure a un manteau ou robe à manches très-larges, & ſes cheveux ſont treſſez.

N°. IX.

Elle a cinq pieds de haut. Le manteau de la neuviéme figure eſt auſſi à manches larges; les treſſes de ſes cheveux ſont très-longues; mais ce qui la diſtingue principalement, c'eſt le ſceptre qu'elle porte; le fleuron qui le termine a les feuilles longues & étroites.

N°. X.

Elle a quatre pieds ſept pouces. La dixiéme figure me paroît repreſenter une jeune perſonne. Son air de viſage, ſes pieds fort petits & ſa taille, le peuvent faire croire: les treſſes de ſes cheveux qu'elle tient, deſcendent juſqu'aux genoux: les manches de ſa robe ou manteau ſont larges; c'eſt la ſeule dont la tête ſe ſoit conſervée.

N°. XI.

Elle a ſept pieds de haut. Enfin la onziéme figure eſt celle d'un homme qui de la main droite porte une épée nuë la pointe en haut, & de la gauche un ſceptre aſſez ſemblable à celui de la quatriéme figure: le haut de la tête eſt rompu: je n'ai pû découvrir s'il y avoit quelque ornement au-deſſus: il n'y a point de chlamyde: il porte un ceinturon auquel pend le fourreau de ſon épée.

Il y a deux autres figures numerotées 12. & 13. mais elles font hors d'œuvre, appliquées dans l'angle du quatriéme pilier, & ne font par consequent point corps avec le reste : les habillemens en sont differens : elles pourroient avoir été faites après coup.

La premiere de ces figures est assise, & paroît écouter un homme debout. En 1654. on voyoit une autre figure étenduë le long de la plinthe, dont la main portoit sur le pied de la figure assise. Cette figure est tombée ; il reste cependant encore la main posée sur ce pied. A ces caracteres il est facile de reconnoître Jesus-Christ, qui fait remarquer à Simon le Pharisien l'action de Marie Madeleine, ou de la femme pécheresse qui vient de lui laver les pieds, & répandre sur lui des parfums.

N°. XII.

La figure assise a quatre pieds huit pouces; celle qui est debout a cinq pieds un pouce.

Les onze principales figures que je viens de décrire, ont été autrefois peintes en differentes couleurs ; & j'en ay trouvé des traces sur les figures numerotées 1. 2. & 5.

A examiner leurs habillemens, leurs sceptres, leurs couronnes, leurs bonnets, on ne voit rien qui ne puisse convenir, sinon au dernier tems de la premiere race, du moins au commencement de la seconde. Elles n'ont aucun ornement qui soit particulier aux siecles posterieurs, ni écus, ni armoiries, ni escarcelle, ni oiseaux sur le poing, ni habits maillez, ni casques, tels qu'on en trouve dans le onziéme & dans le douziéme siecle. Les sceptres sont terminez par des fleurons à feuilles étroites, aucune fleur de Lys exactement marquée. Presque toutes ont de longs cheveux ; les femmes ont des tresses qui descendent jusqu'à leurs genoux : les manches de leurs robes sont larges & pendantes. Tous ces caracteres se trouvent dans les monumens qui nous sont restez des six premiers siecles de la Monarchie.

S'il falloit s'en rapporter à la tradition commune de Chateaudun, la figure qui porte une couronne, & qui est numerotée 3. est Charlemagne, la quatriéme est Louis le Debonnaire, la cinquiéme est l'Archevêque Turpin, la sixiéme est le prétendu Roland le Furieux, &c. Cette opinion a passé même jusques dans des ouvrages serieux donnez au public.

B ij

Bernier, Historien de la Ville de Blois, l'a adoptée ; & le Pere Menestrier en a fait mention. Ce qui a le plus servi à donner cette idée, est la figure sixiéme que l'on ne pouvoit pas croire n'être pas Rolland. On pretendoit qu'il étoit désigné incontestablement par le cor que l'on disoit être sous ses pieds. C'est ce cor si fameux dans le Roman du faux Turpin, & qui fut deposé avec son épée dans son tombeau : *Mucronemque ipsius ad caput. & tubam eburneam ad pedes.*

Mais 1°. ce cor qui se voit dans un angle au-dessous de la plinthe qui fait le premier ordre de cette façade, est isolé, & pourroit bien avoir été ajouté dans des tems posterieurs. D'ailleurs s'il devoit appartenir à quelqu'une des figures, ce seroit plûtôt à la deuxiéme à côté de laquelle il est sculpté, qu'à la sixiéme audessus de laquelle il n'est point, & dont il est separé par la plinthe. 2°. Pour que ceux qui ont fait ce portail eussent pû representer Roland, & le désigner par son cor, il auroit fallu qu'ils eussent tiré du Roman de Turpin l'existance de ce Preux imaginaire, & la circonstance de son prétendu cor. Or les plus habiles Critiques conviennent que ce Roman n'a pû être fait qu'après l'an 1000. Guy Allard qui l'attribuë à un Moine de S. André de Vienne, je ne sçai sur quel fondement, le place encore plus tard, à l'an 1092. ce ne pourroit donc être que dans le douziéme siecle que ces figures auroient été faites. J'ay déja remarqué ci-dessus qu'elles doivent être anterieures ; le goût des habillemens & les attributs le démontrent. En vain voudroit-on ajouter pour prouver que cette figure represente Roland, qu'elle porte un bâton, & que ce bâton désigne sa prétenduë qualité de Commandant ou General des Armées de Charlemagne. C'est ainsi que des gens peu instruits ont accoutumé les habitans de Chateaudun à en parler, sans avoir fait attention que les bâtons de commandement ne sont que des derniers siecles ; mais ayant examiné ce que cette figure tient en ses mains, & ayant ôté la terre & les herbes qui couvroient la partie recourbée qui est appuyée sur l'épaule droite, j'ai découvert que c'étoit une hache, arme si usitée dans les premiers siecles de notre Monarchie. Ainsi ce prétendu bâton disparoît, & avec lui l'erreur grossiere que l'on débitoit à son occasion.

Après avoir rejetté cette opinion, il conviendroit de rechercher quelles peuvent être ces onze personnes ainsi representées. J'avoue de bonne foi que plus j'y ai reflechi, plus j'ai trouvé de difficulté à donner là-dessus quelque conjecture raisonnable. Ces figures me paroissent anciennes; tous les attributs, tous les ornemens qu'on y distingue portent à croire qu'elles sont anterieures au dixiéme siecle. Il n'y a cependant aucun caractere particulier; il n'y a aucunes lettres, aucune inscription, aucuns titres dans les Archives & dans le Cartulaire de cette Abbaye qui puissent nous déterminer à fixer notre jugement; ainsi il vaut mieux le suspendre, & se borner pour le present à faire quelques observations.

La premiere est que la tradition, comme je l'ai déja repeté plusieurs fois, qui donne à Charlemagne le rétablissement de l'Abbaye de la Madeleine de Chateaudun, est très-ancienne; qu'elle a été adoptée par tous les Auteurs qui en ont parlé, & qu'en consequence cette Maison jouit de tous les tems des prééminences & prérogatives attachées aux fondations Royales.

2°. Pour fortifier cette tradition, on garde dans le Trésor de cette Abbaye un verre de neuf pouces de haut, & de cinq de diametre, avec des compartimens d'émail separés par des filets d'or, qui depuis un tems immemorial porte le nom de verre de Charlemagne, & que l'on dit avoir été un des presens qu'Aaron, Roy de Perse, envoya à ce Prince. Il y a autour d'anciens caracteres Arabes gravez, que Frederic Morel, Professeur Royal, interpreta au commencement du dernier siecle par ces mots: *Majestas perpetua, vita longæva ac sana, fortuna ascendens, tempus adjuvans, imperium perfectum*, & que d'autres ont traduit par ceux-ci: *Bona vita, felix regnum, æterna Majestas, summa gloria*. Bernier a fait mention de ce verre; mais la tradition auroit besoin d'une preuve plus démonstrative. Ce verre peut être d'un tems fort posterieur à Charlemagne; d'ailleurs, le Roy de Perse lui envoya-t'il de pareils presens?

3°. Je me suis déterminé à donner la premiere place à la

figure qui eſt à côté du ceintre de la principale porte à droite en entrant dans l'Egliſe, parce qu'il m'a paru qu'elle étoit placée à la place la plus honorable. Elle ſe trouve par cette ſituation la premiere du côté où le Paradis eſt repreſenté dans le ceintre. Cette figure pourroit bien être Charlemagne lui-même. Son ſceptre eſt plus touffu que les autres. Son bonnet me paroît aſſez ſemblable à celui qu'on voit ſur ſes monnoyes; il foule aux pieds un dragon, pour repreſenter les differens exploits de ce Prince pour la défenſe & la propagation de la Religion Chrétienne. C'eſt la ſeule figure qui ait cet attribut. La figure qui eſt à la gauche pourroit être Louis le Debonnaire. Par le cor qui eſt ſur ce même plan, peut-être a-t-on voulu marquer la paſſion que ces Princes avoient pour la chaſſe. Eginhard dit que Charlemagne s'y exerçoit continuellement: *quod illi gentilium erat, quia vix ulla in terris natio non invenitur quæ in hac arte Francis poſſit æquari.* Le Dunois dans lequel on trouve pluſieurs forêts conſiderables, & où il y en avoit encore apparemment davantage dans ces tems reculés, étoit un Pays propre pour cet exercice. J'ay déja fait obſerver qu'il n'y a que ces deux premieres figures où la chlamide ſoit bien marquée.

4°. Il me ſemble que Charles le Chauve a eu quelque prédilection pour Chateaudun. C'eſt ſeulement ſous ſon regne qu'on trouve le Dunois, *Pagus Duniſus*, entre les Pays où les Commiſſaires, *Miſſi Dominici*, doivent ſe rendre. C'eſt ſous ſon regne qu'on voit des monnoyes frappées à Chateaudun, *Duno, Dunio-Caſtro*. Seroit-ce lui qui pendant quelque ſejour qu'il auroit fait en cette Ville, auroit fait achever la façade de l'Egliſe que Charlemagne avoit commencée, & y auroit fait placer les figures qui ſubſiſtent encore?

5°. Quatre de ces figures qui repreſentent des hommes, ont des ſceptres. Une cinquiéme a une couronne ſans ſceptre. Entre les quatre femmes placées ſur quatre des piliers quaſi hors d'œuvre, une ſeule a un ſceptre, & les autres n'en ont point. Aux chauſſures de trois d'entr'elles, on ne voit rien de ſingulier. Une ſeule a des ſouliers échancrés, & cette échancrure tient preſque tout le deſſus du pied.

Toutes ces singularités, le rapport que ces figures peuvent avoir les unes avec les autres, sont des points qu'il me paroît très-difficile d'éclaircir avec quelque solidité. Qu'il me suffise de les avoir annoncées aux Curieux des anciens monumens de notre Histoire.

Par Monsieur Lancelot, de l'Academie des Inscriptions & Belles-Lettres, & Inspecteur du College Royal, ANTOINE.

L'Academie Royale des Inscriptions & Belles-Lettres, trouve bon & permet que MM. les Abbé, Prieur & Chanoines Reguliers de Chateaudun fassent imprimer separément la Description & Explication des figures que l'on voit sur la façade de l'Eglise de l'Abbaye Royale de la Madeleine dudit lieu, quoique cet Ouvrage composé par feu M. Lancelot, Academicien, ait été imprimé dans le neuviéme tome des Memoires de ladite Academie. Fait à Paris dans l'Assemblée tenuë au Louvre le Mardi sixiéme Mars 1742.
      GROS DE BOZE,
      Secretaire perpetuel de l'Academie.

J'Ai lû par ordre de M. le Lieutenant General de Police un Manuscrit qui a pour titre: *Description des figures qui sont sur la face de l'Eglise de l'Abbaye Royale de la Madeleine de Chateaudun,* & je crois que l'on peut en permettre l'impression. Ce 8 Février 1742.
    CREBILLON.

Vû l'Approbation, permis d'imprimer. A Paris ce 3 Mars 1742.
    MARVILLE.

Mémoire de ce qui reste à avoir aux ouvriers

m. la fumiste	2 # 10	3 5
m. L. Marinelli en p.? lieu	2 # 10	15 5
m. 2.? aussi		15
p.? J.? Bois	1 # 10	5
la Salles	10	5
Rose	2	5
m.? Corbiera	15 #	5
p.? Portier en d.? lieu	22 #	0 9 0
p.? Messieurs	12 # 10	10 5
p.? Ju Pin	8 # 10	10 5
	43 # 10	109

Notes

www.ingramcontent.com/pod-product-compliance
Lightning Source LLC
Chambersburg PA
CBHW070534050426
42451CB00013B/3001